VENTE DES 23 ET 24 MAI 1898

ESTAMPES

<table>
<tr><td>Mᵉ MAURICE DELESTRE</td><td>M. A. DANLOS</td></tr>
<tr><td>Commissaire-Priseur</td><td>Marchand d'Estampes</td></tr>
<tr><td>5, RUE SAINT-GEORGES, 5</td><td>15, QUAI VOLTAIRE, 15</td></tr>
</table>

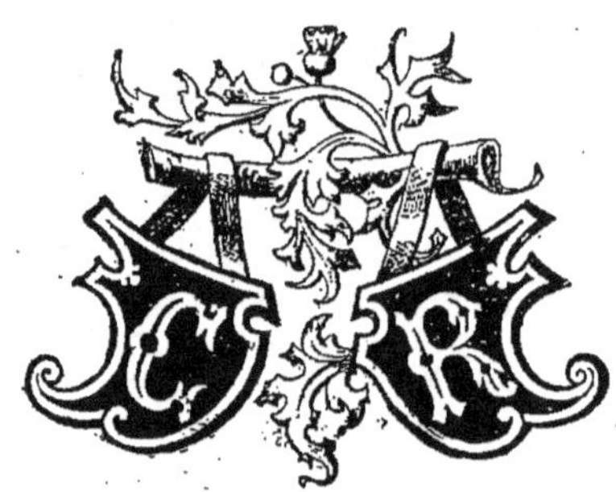

CATALOGUE

D'UNE BELLE COLLECTION

D'ESTAMPES

DES

ÉCOLES ANGLAISE ET FRANÇAISE

DU XVIIIe SIÈCLE

PIÈCES IMPRIMÉES EN NOIR ET EN COULEUR

ŒUVRE DE WATTEAU

DONT LA VENTE AUX ENCHÈRES PUBLIQUES

AURA LIEU

Hôtel des Commissaires-Priseurs, rue Drouot, 9

SALLE N° 8

Le Lundi 23 et Mardi 24 Mai 1898

A 2 HEURES TRÈS PRÉCISES

Par le ministère de Me **MAURICE DELESTRE**, commissaire-priseur

5, RUE SAINT-GEORGES

Assisté de M. A. **DANLOS**, marchand d'estampes

15, QUAI VOLTAIRE

CONDITIONS DE LA VENTE

Elle sera faite au comptant.

Les acquéreurs paieront cinq pour cent en plus des adjudications.

M. A. Danlos, chargé de la vente, se réserve la faculté de rassembler ou de diviser les lots.

ORDRE DES VACATIONS

Vendredi 23 Mai . . . . Nos 1 à 234

Samedi 24 — . . . . 235 à fin.

ESTAMPES

ADAM (F.-E.).

1. *Heyday! is this my daughter Anne!* Pièce gravée à l'aqua-tinte, publiée chez John Bowles en 1773.
   Très belle épreuve en couleur.

AKERMANN (Chez R.).

2. *View of British Steam vessels*, publié en mai 1817.
   Très belle épreuve en couleur, toute marge, Rare.

ALIBERT (A Paris, chez).

3. Le Sommeil interrompu.
   Très belle épreuve.

ANONYME.

4. Les Médecins botaniste et minéralogiste écrasés par le médecin à la mode.
   Très belle épreuve d'une jolie pièce satirique.

BALLONS (Pièces sur les).

5. Expérience aérostatique faite à Versailles le 19 septembre 1783... par Mrs de Montgolfier. Jolie pièce anonyme publiée à Paris chez Lenoir.
   Très belle épreuve.

6. Le Moment d'hilarité universelle, par H.-G. Bertaux.
   Deux très belles épreuves dont l'une, très rare, est à l'état d'eau-forte.

7. Entrée de Mr Blanchard et du cheval^{er} Lépinard, cinq jours après leur ascension aérostatique dans la ville de Lille, le 26 août 1785. — La Quatorzième Expérience aérostatique de Mr Blanchard, accompagné du chevalier Lépinard, faite à Lille en Flandre, le 26 août 1785. Deux pièces faisant pendants, gravées par Helmann, d'après L. Watteau.

Très belles épreuves avant la dédicace.

BAR et CHATELET.

8. Le Bain de Village, gravé à la manière du lavis.

Très belle épreuve tirée en bistre.

BARTOLOZZI (F.).

9. *A Sacrifice to Cupid*, d'après Cipriani, 1792.

Très belle épreuve en couleur.

10. *Beauty unmask'd*, 1776, jolie petite pièce de forme ovale, entourée d'une guirlande formée de palmes et de feuillage. — Titre de six solos dédiés à L. Molineux. Deux pièces.

Très belles épreuves.

11. *Cordelia*, d'après A. Kauffmann, 1784.

Très belle épreuve tirée en bistre. Grande marge.

12. *Hebe*, petit médaillon ovale gravé d'après Cipriani, 1782. ——

Très belle épreuve en couleur.

13. Jeune fille endormie tenant entre ses bras sa poupée, d'après Cipriani, 1786.

Très belle épreuve tirée en bistre; elle est très fraîche et a de la marge.

14. Jeunes Filles au bain, jolie pièce de forme ovale, gravée au pointillé.

Très belle épreuve tirée en bistre. Remargée.

15. Junon étendue sur des nuages, tenant une colombe sur son doigt, près d'elle deux amours; médaillon ovale gravé au pointillé.

Très belle épreuve imprimée en couleur. Sans marge.

16. *Poesis scientiarum Calcar.* — *Pax artium Nutrix.* Deux pièces faisant pendants, gravées d'après B. West.

Très belles épreuves en couleur.

17. *Pschye going to dress.* — *Pschye going to bath.* Deux jolies pièces, faisant pendants, gravées d'après Cipriani.

Très belles épreuves imprimées en bistre.

BALTHAZARD (D'après).

18. Les Deux Façons de penser, par Voderf.
    Belle épreuve.

BAUDOUIN (D'après P.-A.).

19. L'Amour à l'épreuve, par Beauvarlet (E. B. 5).
    Très belle épreuve avant la draperie. Remargée.

20. Le Chemin de la Fortune, par Voyez major (14).
    Très belle épreuve avec une très grande marge.

21. Le Coucher de la Mariée, gravée à l'eau-forte, par J. M. Moreau et terminé au burin par J. M. Simonet, 1768 (16).
    Très belle épreuve.

22. L'Épouse indiscrète, par N. de Launay, 1771 (21).
    Très belle épreuve avec une très grande marge.

23. La même estampe.
    Belle épreuve.

24. *Jusque dans la moindre chose...* par L. J. Masquelier (27).
    Belle épreuve.

25. Le Lever, par Massard, 1771 (29).
    Très belle épreuve avec la première adresse, celle de Mme Baudoin.

26. Marton, par N. Ponce (30).
    Très belle épreuve.

27. Le Modèle honnête, gravé à l'eau-forte par J. M. Moreau et terminé au burin par J. B. Simonet (34).
    Très belle épreuve avec une grande marge.

28. Pérette, par H. Guttemberg (36).
    Très belle épreuve.

29. Sa taille est ravissante, par Le Beau, 1776 (43).
    Superbe épreuve avant la lettre. Très rare.

30. La même estampe.
    Belle épreuve.

31. La Sentinelle en défaut, par N. de Launay, 1771 (44).
    Belle épreuve.

32. La Nuit, par Ghendt (45).
    Très belle épreuve avant toutes lettres et avant la draperie. Remargée.

33. La Toilette, par N. Ponce, 1771 (48).
    Très belle épreuve.

BENWELL (D'après J. H.).

60 — 34.+ *Cupid désarmé. — Cupid's revengé.* Deux petites pièces de forme ovale, faisant pendants, gravées par C. Knight.

Très belles épreuves tirées en bistre.

BLANCHARD.

35. Daphnis et Chloé d'après Albrier.

Très belle épreuve avant la lettre.

BOILLY (D'après L.-L.).

36. + Le Cadeau, par Bonnefoy.

Très belle épreuve en couleur.

37. Marche incroyable, par Bonnefoy.

Belle épreuve avec une grande marge.,

38. Nous étions deux, nous voilà trois, par Vidal.

Très belle épreuve en couleur.

On nous voit, par Petit.

Très belle épreuve avant la lettre.

BOIZOT (D'après L.-S.).

40. Marie-Antoinette d'Autriche, reine de France, gravé par L^se Ad^de Boizot en 1775. In-4.

Très belle épreuve avec marge.

BONNET (L.-M.).

41. Portrait de Mlle C. Vanloo, d'après C. Vanloo, son père.

Très belle épreuve tirée sur papier brun avec des rehauts de blanc.

BOREL (D'après A.).

42. Le Don intéressé, par C. Voysard.

Très belle épreuve.

43. J'y passerai, par R. De Launay.

Très belle épreuve.

BOSIO (D'après D. S.).

44. Le Bal de l'Opéra.

Très belle épreuve en couleur.

BOUCHER (F.).

45. La Tourterelle mise en cage. — Le Sommeil. — Les Petits Bu-
veurs de lait. — Le Petit Savoyard. — Suite de quatre eaux-
fortes originales du maître (De B. 2 à 5).

> Très belles épreuves avec l'adresse de Roguié laquelle fut, plus tard,
> remplacée par celle de Buldet. Marges.

46. La Petite reposée (13).

> Très belle épreuve.

BOUCHER (D'après F.).

47. L'Amour enchaîné par les Grâces, par Beauvarlet.

> Très belle épreuve avec marge.

48. L'Attention dangereuse, par Dennel.

> Superbe et rare épreuve avant toutes lettres.

49. Le Cheval fondu, par Huquier.

> Très belle épreuve. Rare.

50. Erigone vaincue. — Retour de chasse de Diane. Deux pièces,
faisant pendants, gravées par Cl. Duflos.

> Très belles épreuves ayant toutes leurs marges.

51. Les Grâces au bain, par W. Ryland.

> Très belle épreuve avec toute sa marge.

52. Jupiter et Léda. — Jupiter et Calisto. Deux pièces, faisant pendants, gravées par Ryland et Gaillard.

> Très belles épreuves.

53. Le Matin, par Petit.

> Très belle épreuve. Marge.

54. L'Oiseau en cage, par A. Laurent.

> Très belle épreuve. Rare.

55. Pastorales. Huit pièces gravées par Huquier.

> Très belles épreuves.

56. Paysan passant l'eau. — Le Génie du dessin. — Le dévot hermite.
— Les Amours en gayeté, etc. Six pièces.

> Très belles épreuves.

57. La Peinture, par Mlle Mme Igonet, 1572.

> Très belle épreuve. Rare.

58. Le Trait dangereux, par Poletnich.

> Très belle épreuve.

59. Jeune femme assise sur un lit de repos, gravé à la manière du crayon, par Bonnet (13).

 Très belle et rare épreuve avant la draperie, tirée à la sanguine.

60. La même estampe.

 Très belle épreuve tirée sur papier bleu avec des rehauts de blanc.

61. Vénus et l'Amour. — Vénus assise au pied d'un arbre. Deux pièces, faisant pendants, gravées aux deux crayons par Demarteau (488 et 489).

 Très belles épreuves.

62. Académie de femme, par Demarteau, (552).

 Belle épreuve.

63. Jupiter et Antiope, par L. Parizeau.

 Très belle épreuve tirée en bistre; toute marge. Rare.

64. Vénus vue de dos, tenant une colombe captive, par Bonnet.

 Très belle épreuve. Remargée.

65. Vénus et l'amour sur un dauphin, gravé aux deux crayons par Bonnet.

 Très belle épreuve tirée sur papier bleu.

66. La Danse allemande, gravé aux deux crayons par Demarteau.

 Très belle épreuve. Remargée.

67. Pastorale, par Demarteau (62).

 Très belle épreuve tirée à la sanguine.

68. Pastorales. Deux pièces gravées à la manière du crayon.

 Très belles épreuves.

69. Tête de jeune fille les yeux levés au ciel. — Le Sculpteur. — Pastorales. Quatre pièces gravées aux deux crayons par Demarteau.

 Très belles épreuves, deux sont tirées sur papier vert.

BRACQUEMOND (F.).

70. Edmond de Goncourt. In-8.

 Très belle épreuve. Toute marge.

CARESMES (D'après J.).

71. Le Satyre amoureux. — Le Satyre refusé. — Deux pièces, faisant pendants, gravées aux deux crayons, par Demarteau, (542 et 543).

 Très belles épreuves.

CARICATURES ANGLAISES.

72. *City scavengers cleansing the London streets, impurities.*
Très belle et très fraîche épreuve en couleur.

73. *A Sandwich, 1788.*
Très belle épreuve coloriée.

74. *The Graces in a high wind, a scéne taken from nature, in Kensington Gardens.*
Très belle épreuve en couleur. Marge.

75. *The mother. Red Cap Public house, in opposition, to the Kinzs Head.* Curieuse pièce satirique politique publiée en 1821 par G. Humphrey.
Très belle épreuve en couleur.

76. *The reval Beaux.*
Très belle épreuve coloriée. Toute marge.

77. *The cotillon dance. — Grown Gentleman taught to dance. — Grown ladies..., taught to dance. — The allemande dance. — The french dancing master. — The country man in London, etc.* Dix pièces humouristiques d'après J. Collet, intéressantes comme costumes.
Très belles épreuves.

78. *The full blown macaroni. — The houndsditch macaroni. — Snip anglois. — Inimitable M. James Moss. — Euphrosyne, etc.* Douze pièces gravées, la plupart, d'après Brandouin et Buubury.
Très belles épreuves avec marges.

79. *The couch of adultry. — A taylor riding to Rrentford. — Troops fording a brook. — A fox-hunting breakfeast. — The Happy consultation. — The bargain struck, or gold prevails, etc.* Treize pièces humouristiques gravées la plupart d'après Brandouin, Sayer et Smith.
Très belles épreuves avec marges.

80. Cinquante-trois caricatures humouristiques des plus intéressantes, et comme scènes de mœurs et comme costumes, dessinées, par Gilray, W. Heath et Shortshanks, publiées en 1829 et 1830.
Anciennes et très belles épreuves coloriées.

CARICATURES FRANÇAISES.

81. Le Café des aveugles. *A Paris, chez Martinet.*
Très belle épreuve coloriée. Marge.

82. L'Innocence parisienne ou la marchande de carlins.

> Très belle épreuve.

83. Les artistes du XVIII⁰ siècle. — Le Grimacier de Tivoli. — Délassement des habitués du Luxembourg au café du Sénat. — La réunion politique ou la lecture du journal. Quatre pièces intéressantes.

> Très belles épreuves coloriées.

84. Le Suprême bon ton. — Caricatures parisiennes. — Le musée grotesque. Douze pièces.

> Très belles épreuves coloriées.

CARINGTON BOWLES (à Londres chez).

85. *Miss Tipapin for all nine.* Jolie pièce, à costumes, gravée à l'aquatinte.

> Très belle épreuve en couleur. Marge.

86. *The Jelly house macaroni. — Love and wine. — Macaroni courtship. — The invitation an english man of war, taking a french Privater. — An engagement between the heart of oak and charming Sally.* Six pièces gravées à la manière noire et en réduction en 1781.

> Très belles épreuves, les deux dernières pièces sont en couleur et remargées.

CHALLE (D'après M. A.).

87. Les espiègles, par Descourtis.

> Très belle et très rare épreuve avant toutes lettres, seulement les noms des artistes tracés à la pointe, imprimée en couleur.

CHARDIN (D'après J. B. S.).

88. Le Bénédicité, par Lepicié, 1744 (E.-B. 5).

> Très belle épreuve.

89. La Gouvernante, par Lepicié 1739 (24).

> Très belle épreuve.

90. La petite-fille à la raquette, par Lepicié, 1742 (29). ———

> Très belle épreuve avec marge.

91. La pourvoïeuse, par Lepiciée, 1782 (45).

> Très belle épreuve du premier tirage : avant que la lettre, dans la marge inférieure, ait été reprise. Grande marge.

CLINCHTEL (D'après).

92. Le Joli réveil, petite pièce gravée par Briceau.
   Très belle épreuve en couleur.

COCHIN (D'après C. N.).

93. +Louis XVI, soutenu par Minerve et Themis. — Marie-Antoinette accueillant les vœux de la France. Deux pièces allégoriques à l'avènement au trône de Louis XVI et de Marie-Antoinette, faisant pendants; gravées à l'eau-forte par A. de Saint-Aubin et terminées au burin par De Longueil.
   Très rares épreuves à l'état d'eau-forte. Marges.

COIFFURES. — COSTUMES.

94. Coiffure à la mingreline. — Coiffure à la sultane. — Toque chevelue. — Toque à la candeur. — Coiffure à la paysanne, etc. Quinze pièces extraites des modes et costumes en France de Desrais et autres artistes.
   Très belles épreuves coloriées.

95. Les Variétés amusantes, étrennes aux gens de bon goût. Trois pièces à tiroirs, plus le titre. Ensemble quatre pièces.
   Belles épreuves coloriées. Rares.

96. Coiffures, huit médaillons sur la même feuille.
   Très belle épreuve avec marge.

97. *An opera Girl of Paris in the character of Diana. — A modern demirep on the look-out. — The charming millener of street. — An opera Girl of Paris in a full dress*, etc. Douze pièces intéressantes.
   Très belles épreuves.

COSWAY (D'après R.).

98. *Andromache and Ascanius*, par J. Condé, 1789.
   Très belle épreuve avec marge.

CRUIKSHANK (G.).

99. *A interesting scene, on board an East Indiaman, showing the effects of heavy lurch, after dinner, 1818.*
   Très belle et très fraîche épreuve coloriée. Marge.

100. *Waltzing ! or a peep into the Royal Brothel spring gardens, dedicated with propriety to the Lord Chamberlain.*
   Très belle et très fraiche épreuve coloriée. Marge.

DAVESNES (D'après).

101. L'Amant regretté, par Voyez.

Superbe et rare épreuve avant toutes lettres.

102. La Coquette Sophie, par Voyez.

Très belle épreuve avec marge.

103. Hony soit qui mal y pense, par Hubert.

Très belle épreuve.

DAYES (D'après E.).

103 bis. The *Promenade in St James's park*, par J. D. Soiron.

Très belle épreuve de l'une des plus jolies et des plus importantes pièces de l'école anglaise du xviii° siècle.

DEBUCOURT (L.-Ph.).

104. Promenade de la galerie du Palais-Royal, 1787.

Très belle épreuve imprimée en couleur.

105. La Bénédiction paternelle ou le départ de la Mariée.

Très belle épreuve en couleur.

106. La Rose mal défendue, 1791.

Superbe épreuve avec l'inscription : *Dessiné et gravé par P. L. Debucourt, peintre et graveur*, tracée à la pointe. Très rare.

107. Minet aux aguets.

Très belle épreuve en couleur, elle manque de fraîcheur.

108. Modes et Manières du jour, n° 2, 3, 9, 33 et 35. Cinq pièces.

Très belles épreuves en couleur, les n°* 33 et 35 ont de grandes marges.

109. La Jeune femme.

Très belle épreuve en couleur.

110. La Manie de la danse, 1809.

Belle épreuve en couleur. Rare.

111. La Main chaude.

Très belle épreuve en noir.

DELAROCHE (D'après P.).

112. M\ue ***, gravé par G. Girard.

Très belle épreuve du premier état.

DESSUS DE BOITES.

113. Six jolies pièces badines, de forme ovale, dans des cadres ornés.
> Très belles épreuves coloriées. Toutes marges.

114. Jupiter en aigle. — Jupiter en pluie d'or. — Jeune femme à sa toilette. — Les Apprêts pour le bal. Quatre jolis petits médaillons ovales, gravés par B. Picart, tirés à deux sur la feuille.
> Très belles épreuves avec de grandes marges.

115. Les Folâtres. — Retour du bain. — La Pintresse. — La Belle Laitière. — Le Cuvier. — Vénus dans l'île de Cythère. — La Blanchisseuse, etc. Quinze pièces,
> Très belles épreuves ayant presque toutes de grandes marges.

116. Les Éléments. — Les Sens, — La Curiosité. — L'Amour enchaîne le Temps. — L'Amant heureux. — Jupiter et Sémélé. — Salmacis et Hermaphrodite, etc. Vingt-neuf pièces.
> Très belles épreuves.

DUCLOS (D'après A.-J.).

117. Le Délire, par Deny.
> Très belle épreuve. Remargée.

DUGOURE (D'après D.).

118. Roxelane, par Le Beau.
> Très belle épreuve.

119. Bienfaisance du Roi, par Godefroy?
> Très belle et très rare épreuve avant la lettre. Marge.

DUPUIS (D'après).

120. La Promenade du matin, par Chaponnier.
> Superbe épreuve en couleur, elle est très fraîche et a une très grande marge.

EARLOM (R.).

121. A *flower piece*, gravé à la manière noire, d'après Van-Huysum.
> Très belle épreuve.

ÉCOLE ANGLAISE (XVIIIᵉ SIÈCLE).

122. *Caroline of Lichtfield.*
> Très belle épreuve imprimée en couleur. Remargée.

123. Jeune Femme pensive caressant son chien. — Jeune femme en buste coiffée d'un chapeau et vue de face. Deux petits médaillons, de forme ovale, gravés au pointillé.
> Très belles épreuves tirées en bistre. Remargées.

124. Jeune Fille en buste, les seins nus; elle est vue de profil et tournée vers la gauche. Médaillon ovale, gravé au pointillé.
> Très belle épreuve à la sanguine. Remargée.

125. La Jeune Marchande de fruits. Médaillon ovale gravé au pointillé.
> Très belle épreuve imprimée en couleur.

126. Jupiter et Léda. Petite pièce, de forme ovale, gravée au pointillé.
> Très belle épreuve avant toutes lettres, imprimée à la sanguine.

127. *The rival beaux.*
> Très belle épreuve coloriée. Rare.

128. *A view of the parade at bath.* Jolie pièce anonyme intéressante comme costumes.
> Très belle épreuve coloriée.

ÉCOLE FRANÇAISE (XVIIIᵉ SIÈCLE).

129. L'Amour couronné, petit médaillon ovale placé entre deux groupes de jeunes bergers. Jolie composition dans un encadrement formé de feuillages et de fleurs.
> Très belle et très rare épreuve imprimée en couleur, elle est tirée sur satin blanc.

130. Intérieur d'un café (café Procope?).
> Très rare épreuve avant toutes lettres, non entièrement terminée.

131. Minon minette, petite pièce badine de forme ovale.
> Très belle épreuve avec toute sa marge.

132. La Main chaude, pièce grivoise de forme ronde, gravée au pointillé.
> Très belle et rare épreuve imprimée à la sanguine. Grande marge.

EISEN (D'après F.).

133. L'Amour en ribote. — Les Dragons de Vénus. Deux pièces, faisant pendants, gravées par L. Halbou.
> Très belles épreuves avec de très grandes marges.

EISEN (Ch.).

134.   Projet de fontaine, eau-forte originale du maître.
  Très belle épreuve avec marge.

EISEN (D'après C.).

135.   L'Amour asiatique. — L'Amour européen. Deux pièces, faisant
  pendants, gravées par Basan.
  Très belles épreuves. la première pièce a toute sa marge.

ESNAULT et RAPILLY (A Paris, chez).

136.   *The little plunderer.*
  Belle épreuve en couleur.

FITZ (D'après).

137.   *The follies of à day on the marriage of Figaro.* Pièce satirique
  sur le prince de Galles gravée par Herbert et publiée en 1786.
  Très belle épreuve coloriée.

137 *bis.*   La même pièce.
  Belle épreuve coloriée.

FORES (A Londres, chez S. W.).

138.   *The pretty barr maid.* Jolie pièce gravée à l'aquatinte, publiée
  en 1795.
  Très belle épreuve en couleur.

FRAGONARD (D'après H.).

139.   L'Amour sacrifiant ses ailes à l'amitié, gravé à la manière du
  lavis par Alix.
  Très belle épreuve légèrement teintée de couleur, excessivement rare.
  Remargée.

140.   Le Baiser, par Marchand.
  Très belle épreuve. Remargée.

141.   La Chemise enlevée, par Guersant.
  Très belle épreuve.

142.   Le Contrat. — Le Verrou. Deux pièces, faisant pendants, gravées par Blot.
  Superbes épreuves avant la dédicace. Très rares.

143. La Culbute, gravé à la manière du lavis par Charpentier.
   Très belle épreuve. Remargée.

144. La Danse de l'ours, gravé à l'eau-forte par Saint-Non.
   Très belle épreuve avec marge.

145. Dites donc s'il vous plaît, par N. de Launay.
   Très belle épreuve.

146. La Famille du fermier, par Beauvarlet.
   Très belle épreuve.

147. La Gimblette, par Bertony.
   Très belle épreuve, remargée.

148. Les Jets d'eau. — Les Pétards. Deux pièces faisant pendants, gravées par Auvray.
   Très belles épreuves, la marge inférieure de la seconde pièce est rapportée.

149. L'Illusion. — Le Réveil. Deux pièces, de forme ovale, gravées par Mixelle.
   Très belles épreuves imprimées en couleur, remargées. Fort rares.

150. Le Verre d'eau, par N. Ponce.
   Très belle épreuve avec une grande marge.

151. Les Plaisirs interrompus, par Wille.
   Bonne épreuve.

152. Le Pot au lait, par N. Ponce.
   Très belle épreuve avec une grande marge.

153. Le Serment d'amour. — La Bonne Mère. Deux pièces, faisant pendants, gravées par Mathieu et N. de Launay.
   Très belles épreuves.

154. Télémaque et Eucharis, par Legrand.
   Très belle épreuve imprimée en couleur. Sans marge.

FREUDEBERG (D'après S.).

155. Les Désirs satisfaits, par Patas.
   Très belle et rare épreuve avant toutes lettres.

156. Le Musicien du hameau, par Trière.
   Très belle épreuve avec toute sa marge.

157. Les Mœurs du temps, par Ingouf l'aîné.
   Très belle épreuve tirée avant que la planche ait été réduite, et ajoutée sous le titre de : La Surprise, à l'édition de Nieuweld sur le Rhin, du Costume physique et moral de Moreau.

FRYE (T.).

158. Portrait d'une jeune femme vue de trois quarts et dirigée vers la droite, coiffure ornée de perles, collier de dentelles, elle tient un éventail à la main, 1761 (22).

Très belle épreuve.

GARBIZZA (D'après).

159. Vue de la Gallerie du Palais Royal, prise du côté de la rue des Bons-Enfants, gravé à la manière du lavis, par Coqueret.

Très belle épreuve en couleur.

GIRARD (D'après Mlle).

160. Le Triomphe de Minette, par Vidal.

Très belle et rare épreuve avant la dédicace, imprimée en couleur. Grande marge.

GRAVELOT (D'après H.-F.).

161. Le Concert, gravé à l'eau-forte par Saint-Non.

Belle épreuve. Rare.

162. La Course de chevaux. — La Grande Foire. — Le Jeu de la crosse. — Le Jeu de quilles. Suite de quatre jolies pièces, sujets enfantins en forme de frises, gravés par Bachelet.

Très belles épreuves. Rares.

163. Jeux d'enfants. Huit petites pièces tirées à quatre sur la feuille, publiées chez Girard.

Très belles épreuves, une est avant l'adresse.

GREUZE (D'après J.-B.).

164. L'Oiseau mort, gravé au pointillé par un anonyme.

Très belle épreuve en couleur.

GUYOT ?

165. L'Automne : Une Jeune femme que son amant tient soulevé entre ses bras, cueille des pommes ; très joli petit médaillon ovale gravé au pointillé.

Très belle épreuve imprimée en couleur. Fort rare.

3

HAMILTON (D'après W.).

166. *Hot Cockles. — Hunt the slipper.* Deux petites pièces de forme ovale, sujets enfantins faisant pendants, gravées par Legrand.
Très belles épreuves en couleur.

HARDING (D'après S.).

167. *The enchanted lady,* par W. Tomkins, 1785.
Très belle épreuve tirée en bistre, légèrement relevée de couleurs.

HARRIET (D'après F.-J.).

168. Le Thé parisien, suprême bon ton au commencement du XVIᵉ siècle, gravé par A. Godefroy.
Très belle épreuve imprimée en couleur.

HILAIR (D'après J.-B.).

169. L'Esclave heureux par J. Mathieu.
Belle épreuve avec une grande marge.

HUBER (J.-J.).

170. *Oligny* (Mˡˡᵉ d') de la Comédie-Française, d'après M. Vanloo. In-fol.
Superbe épreuve avant toutes lettres, seulement les noms des artistes tracés à la pointe; marge. Très rare dans cet état et de cette qualité.

HUET (J.-B.).

171. Quatre très beaux et grands fleurons probablement pour un ouvrage de numismatique, ils sont signés *J.-B. Huet,* 1778 et 1779.
Très belles et rares épreuves à l'état d'eau-forte. Toutes marges.

HUET (D'après J.-B.).

172. Son portrait; il est représenté dessinant.
Très belle et rare épreuve avant toutes lettres, imprimée en bistre. Marge.

173. Le Baiser donné, par Bonnet.
Très belle épreuve imprimée en couleur. Remargée.

174. La Belle Cachette, par Bonnet.

Très belle épreuve avant la retouche, imprimée en couleur. Remargée

175. La Belle Toilette, par Bonnet.

Très belle épreuve en couleur.

176. Le Déjeuner, par Bonnet.

Très belle épreuve imprimée en couleur. Remargée.

177. Le Dîner. — Le Souper. Deux pièces, faisant pendants, gravées par Bonnet.

Très belles épreuves imprimées en couleur. Toutes marges.

178. Le Doux Baiser, par Bonnet.

Très belle épreuve imprimée en couleur.

179. La Dormeuse, petite pièce badine, de forme ronde, gravée par Bonnet.

Très belle épreuve imprimée en couleur. Rare.

180. L'heureux chat, par Bonnet.

Très belle épreuve avant la retouche, imprimée en couleur.

181. Le Matin, par Bonnet.

Très belle épreuve imprimée en couleur. Remargée.

182. L'Amour offrant des présents à Ariane. — Offrande présentée par l'Amour à la fidélité. Deux pièces, faisant pendants, gravées par Bonnet.

Superbes épreuves imprimées en couleur; elles sont de la plus grande fraîcheur. Très rares de cette qualité.

183. La Flèche de l'Amour, par Bonnet.

Très belle épreuve imprimée en couleur.

184. Les Grâces enchaînées par l'Amour. — L'Amour enchaîné par les Grâces. Deux pièces, faisant pendants, gravées par Bonnet.

Très belles épreuves en couleur.

185. Jupiter couvre la terre de nuages pour jouir d'Io, par Bonnet.

Superbe épreuve avant la retouche, imprimée en couleur.

186. La même estampe.

Très belle épreuve également avant la retouche, elle est très fraîche et a toute sa marge.

187. Jupiter descend avec toute sa majesté dans le palais de Sémélé, par Bonnet.

Très belle épreuve imprimée en couleur.

188. La nymphe Hespérie, fuyant Esaque qui l'aimait, fut piquée par un serpent et mourut de la blessure, gravé par Bonnet.

Très belle épreuve avant la retouche; elle est très fraîche et a toute sa marge.

189. Le Triomphe de Galathée, par Bonnet.
> Très belle épreuve imprimée en couleur.

190. Thétis et Protée. — Leucothoe et Apollon. Deux pièces, faisant pendants, gravées par Bonnet.
> Très belles et rares épreuves avant la retouche. Sans marges.

191. Vénus et l'Amour? Jolie petite pièce, de forme ovale, gravée par Bonnet.
> Très belle et très rare épreuve avant toutes lettres et avant la retouche, imprimée en couleur. Marge.

192. Vénus enflammée par l'Amour. — L'Amour prie Vénus. Deux pièces, faisant pendants, gravées par Bonnet.
> Très belles épreuves imprimées en couleur.

193. Vénus donnant ses ordres à l'amour. — Les amours rendant hommage à Vénus. Deux pièces, faisant pendants, gravées par Bonnet.
> Très belles épreuves.

194. Ce qui est bon à prendre est bon à garder, par A. Chaponnier.
> Très belle épreuve avant la lettre.

195. L'Heureux Chat. — La Méprise. Deux très jolies petites pièces badines, de forme ovale, publiées chez Civil.
> Très belles épreuves imprimées en bistre. Très rares.

196. Pastorale, gravé à la sanguine par Demarteau (230).
> Très belle épreuve. Grande marge.

197. Petite chienne couchée avec ses cinq petits chiens (355). — Deux gros lapins et trois petits au milieu de branchages, (356). — Un chien de chasse étranglant un cygne (369). Trois pièces gravées à la manière du crayon par Demarteau.
> Très belles épreuves tirées à la sanguine. Grandes marges.

198. Jeune Chienne couchée avec ses cinq petits. — Moutons et Lapins, Chien de chasse aboyant après un écureuil, deux sujets sur la même feuille. — Étude de moutons, d'âne et de chien. — Vases. — Lapins. — Moutons. Six pièces gravées à la sanguine et aux deux crayons par Demarteau et Bonnet.
> Très belles épreuves.

199. Le Repos du Chasseur. — Chiens en arrêt sur des faisans. Deux pièces, faisant pendants, gravées aux deux crayons par Demarteau (472 et 473).
> Très belles épreuves. Sans marges.

200. L'Oiseau captif, petite pastorale en largeur, gravé aux deux crayons par Demarteau (561).
> Très belle épreuve.

201. Les Présents du berger, petite pastorale en largeur, gravée par Demarteau (584).

Très belle épreuve imprimée en couleur. Rare.

202. Jeune Femme assise et cousant dans un jardin, gravé par Demarteau (594).

Très belle épreuve d'une très jolie pièce imprimée en couleur.

203. Les Heures du jour. Suite de quatre pièces gravées aux deux crayons par Demarteau.

Très belles épreuves, deux pièces sont remargées.

204. Les Caresses du berger, grande pastorale en largeur, gravée par Demarteau (602).

Très rare épreuve à l'état d'eau-forte.

205. La même Estampe.

Très belle épreuve imprimée en couleur. Très rare.

206. Les Caresses du berger, grande pastorale en largeur, gravée par Demarteau (617).

Superbe et rare épreuve imprimée en couleur. Marge.

207. La Confidence. — La Bergère et son chien. Deux pièces, faisant pendants, gravées par Demarteau.

Très belles et rares épreuves imprimées en couleur. Remargées.

208. Le Plaisir innocent, gravé aux deux crayons par Demarteau.

Très belle épreuve.

209. Le Mouton chéri. — La Chasse aux papillons. Deux pièces faisant pendants, gravées par Demarteau (643-644).

Superbes épreuves imprimées en couleur, elles sont très fraîches et ont de grandes marges. Très rares de cette qualité.

210. Le Départ de l'Amour, petite pastorale en largeur, gravée par Demarteau.

Très belle et rare épreuve imprimée en couleur. Sans marge.

211. Jupiter et Danaé, gravé aux trois crayons par Demarteau.

Très belle épreuve.

212. Vénus et l'Amour sur des nuages, elle tient à la main un collier de perles ; gravé aux deux crayons par Demarteau.

Très belle épreuve. Sans marge.

213. Nymphes au bain. — Nymphes chasseresses. Deux très jolies pièces de forme ovale, faisant pendants, gravées par Demarteau et Leveillé.

Très belles épreuves imprimées en couleur. Fort rares.

214. Les Saisons. Suite de quatre pièces gravées aux deux crayons par Léger et Duruisseau.

Très belles épreuves.

215. La Propreté de Simone. — La Couchement de Simone. — Le Lavement donné. Trois pièces, singeries, gravées par Guélard.

Très belles épreuves.

216. Le Cerisier, par Jubier.

Très belle épreuve imprimée en couleur.

217. Études pour les Demoiselles. Six pièces gravées par Jubier et Bonnet.

Belles épreuves imprimées à la sanguine.

218. Pygmalion amoureux de sa statue, par Jubier.

Superbe épreuve avant la retouche, imprimée en couleur.

219. Offrande à l'Amour, par Jubier.

Très belle épreuve imprimée en couleur. Remargée.

220. Vénus et Endymion, par Jubier.

Superbe épreuve avant la retouche, imprimée en couleur.

221. Jeune Femme au bain. — Vénus et les Amours. Deux très jolies pièces, de forme ovale, gravées par Léveillé (607 et 608).

Très belles épreuves imprimées en couleur. Rares.

222. Nymphe sortant du bain. — Nymphe de Flore. Deux pièces, faisant pendants, gravées par L. Marin.

Très belles épreuves avant la retouche, imprimées en couleur.

223. Vénus sur les eaux, par L. Marin.

Très belle épreuve, avant la draperie, en couleur.

224. La Conversation des Fermières, par Morel.

Très belle épreuve imprimée en couleur. Très rare.

225. Le Mouton favori ? — La Fidélité en défaut ? Deux très jolis petits médaillons ovales faisant pendants.

Très belles et rares épreuves imprimées en couleur. Sans marges.

226. La Terre. — Le feu. Deux pièces faisant pendants.

Superbes épreuves imprimées en couleur. Très rares.

227. Sujets mythologiques. Six petites pièces en hauteur gravées à la manière du lavis par Parizeau ?

Très belles épreuves sans marges. Rares.

228. Le Repos de Vénus. — Vénus sur les eaux. Deux charmantes petites pièces faisant pendants.

Très belles épreuves imprimées en couleur. Très rares.

229. +Deux Amants sur un canapé. Charmante composition gravée au trait, signée et datée *H. 1779.*

Épreuve très finement coloriée, laquelle, dans cet état, peut être considérée comme une véritable et très jolie gouache. Excessivement rare.

230. +Deux Amants sur un lit. Très jolie pièce gravée au trait, signée de l'initiale *H.*, elle fait pendant à la pièce précédente.

Épreuve très finement coloriée. Excessivement rare.

231. L'Attention dangereuse, petite pièce de forme ovale, gravée à la manière du lavis.

Très belle épreuve. Rare.

232. L'Optique. Très jolie petite pièce grivoise de forme ronde.

Très belle épreuve en couleur. Très rare.

233. Sujet galant. Petit médaillon, de forme ovale, gravé à la manière du crayon.

Très belle épreuve. Fort rare.

234. Le Flambeau de l'Amour

Superbe épreuve avant la retouche, imprimée en couleur. Grande marge.

HOGARTH (D'après W.).

235. Le Mariage à la mode. Suite complète de six pièces.

Très rares épreuves à l'état d'eau-forte.

IBBETSON (D'après J.).

236. *Sailors carousing.* Grande et jolie pièce, en largeur, gravée à l'aquatinte par Ward, 1807.

Très belle épreuve en couleur. Marge.

IMBERT (D'après F.).

237. Le Passe-temps, par Mlle Papavoine. ——————

Très belle épreuve.

JANINET (F.).

238. +L'oiseau privé, d'après Lagrenée.

Superbe et très rare épreuve avant toutes lettres, imprimée en couleur; elle est très fraiche et a toute sa marge.

239. Le repas des Moissonneurs. — La Noce de village. Deux pièces, faisant pendants, gravées d'après Wille fils.

Superbes épreuves imprimées en couleur, les bordures sont refaites.

240. Jeunes Femmes en bustes, cinq médaillons ovales, dont un tout petit, sur une même feuille...

> Superbe épreuve d'une pièce très intéressante comme coiffures, imprimée en couleur.

241. Le Sommeil de Vénus. — Le Réveil. Deux petites pièces de forme ovale, faisant pendants, gravées d'après Charlier, 1748.

> Très belles et très rares épreuves avant toutes lettres, imprimées en couleur.

242. Les Trois Grâces, d'après Pelligrini.

> Très rare essai de couleurs, tiré seulement à deux teintes : bleu et jaune.

243. Villa Sachetto. — Villa Madame. Deux pièces faisant pendants, gravées d'après H. Robert, 1778.

> Très belles épreuves imprimées en couleur avec quelques rehauts.

JEAURAT (D'après E.)

244. La Servante congédiée, par Baléchou, 1748.

> Très belle épreuve.

245. L'Amour coquet. — La Comète. Deux pièces gravées par J. Jeaurat et Le Bas.

> Très belles épreuves.

KAUFFMAN (D'après A.).

246. *Blind mans buff*, par W. Tomkins, 1783.

> Très belle épreuve imprimée en rouge.

247. *Ludit amabiliter*, pièce de forme ovale, gravée au pointillé, par Ryland, 1779.

> Très belle épreuve tirée en bistre. Marge.

248. *Maria*. Jolie pièce de forme ovale, gravée par W. Ryland, 1779.

> Très belle et rare épreuve tirée en bistre. Grande marge.

249. *Her grace the Dutchess of Richmond*, par W. Ryland. Petit in-fol.

> Très belle épreuve tirée en bistre, elle manque de fraîcheur.

KHAN (D'après C.).

250. *Wife et no wife or A trip to the continent*. Grande pièce satirique sur le prince de Galles et Fox, publiée en 1786.

> Très belle épreuve coloriée. Rare.

LA FONTAINE (Pièces pour les Contes de).

251. Les Deux Amis, par De Larmessin, d'après Lancret.

> Très belle épreuve avant l'adresse de Buldet.

252. Les Rémois, par de Larmessin, d'après Lancret.
   Très belle épreuve avant l'adresse de Buldet.

253. Le Baiser donné. — Le Baiser rendu. Deux pièces, faisant pendants, gravées par Filleul d'après Paterre.
   Très belles épreuves.

254. Le Magnifique. — Le Villageois qui cherche son veau. Deux
   pièces gravées par De Larmessin d'après Boucher et Vleu-
   ghels.
   Très belles épreuves avant l'adresse de Buldet.

255. La Femme noyée. — L'Enfant et le Maître d'école. Deux pièces
   gravées d'après Jeaurat.
   Très belles épreuves. Rare.

256. Le Villageois qui cherche son veau. Très jolie pièce anonyme,
   ayant forme d'écran, gravée à l'eau-forte.
   Très belle épreuve. Rare.

257. Le Villageois qui cherche son veau, gravé par Dupin, d'après
   Bonnart.
   Très belle épreuve. Rare.

LA PLACE (D'après DE).

258. Fanchon la Vielleuse, gravé au pointillé par Schenker.
   Très belle épreuve d'une jolie pièce dont tous les personnages sont
   les portraits des artistes ayant joué dans la comédie du même nom

LANCRET (D'après N.).

259. L'Air. — Le Feu. Deux pièces gravées par Tardieu et Audran.
   Très belles épreuves.

260. Les Charmes de la Conversation, par Petit.
   Très belle épreuve.

261. L'Été, par Scotin.
   Très belle épreuve. Grande marge.

262. Le Turc amoureux, par Schmidt.
   Très belle épreuve.

LAWREINCE (D'après N.).

263. L'Assemblée au concert, par Dequevauviller, 1783 (E. B. 5).
   Épreuve à l'état d'eau-forte, petite marge. Très rare à trouver en
   aussi bonne condition.

264. La Balançoire mystérieuse, par Vidal (9).

Très belle et rare épreuve avant la lettre d'un état non décrit : elle est avant le flot mais avec les noms des artistes gravés.

265. La Balançoire mystérieuse. — Les Nymphes scrupuleuses. Deux pièces, faisant pendants, gravées par Vidal (9 et 42).

Très belles épreuves; la première pièce, la seule de la suite où, dans les épreuves avec la lettre, il y ait des différences est avec le mot grave écrit *gravée*, la seconde pièce manque de conservation.

266. Le Billet doux. — Qu'en dit l'abbé. Deux pièces gravées par N. de Launay, faisant pendants (10 et 51).

Très belles épreuves, la seconde pièce, la seule de la suite où il y ait des différences dans les épreuves avec la lettre, est avant que les mots : graveur *du* Roi de France et de Danemark aient été écrits graveur *des* Rois de France, etc.

267. Les Deux Cages ou la plus Heureuse, par de Bréa (19).

Très belle épreuve en couleur.

268. L'heureux moment, par N. de Launay (28).

Très belle épreuve avant que le mot *chez*, dans l'adresse de l'auteur, ait été écrit *chés*; elle est remargée et manque un peu de conservation.

269. Le Mercure de France, par Guttenberg (38).

Belle épreuve.

270. Les Offres séduisantes, par Delignon (43).

Belle épreuve avec marge.

271. Pauvre Minet, que ne suis-je à ta place, par Janinet (47)...

Très rare essai de couleur tiré à deux teintes : bleu et jaune. Toute marge.

272. Le Joli Chien, par Chapuy (ap. 4).

Très belle épreuve imprimée en couleur, elle est très fraîche et a de la marge. Très rare de cette qualité.

LAWRENCE (D'après Sir Th.).

273. *The right Honble Lady Georgiana Agar Ellis*, charmant petit portrait, in-8, gravé par Ch. Heath.

Très belle épreuve avec une très grande marge. Rare.

274. *Lady Dover*. In-fol.

Très belle épreuve d'essai. Fort rare.

275. *Nature*, par G. T. Doo.

Très belle épreuve sur chine.

LE CLERC (D'après).

276. Jeune fille vue de dos, la tête de profil, gravé par Bonnet.

Très belle épreuve imprimée en couleur. Remargée.

LECŒUR (L.).

277. Néant à la requête.
> Belle épreuve en couleur, elle est collée en plein et manque de conservation.

LE CŒUR (A Paris chez L.).

278.) S'il cassait. — Bon t'y voilà. Deux très jolies petites pièces, de forme ronde, faisant pendants.
> Superbes épreuves imprimées en couleur, elles sont très fraîches et ont une petite marge. Rares de cette qualité.

279. Les Désirs mutuels. Petite pièce de forme ronde.
> Très belle épreuve imprimée en couleur.

280. Lindor et Zélia. Petite pièce de forme ronde.
> Très belle et rare épreuve imprimée en couleur.

281. L'Officier en semestre. Petite pièce badine de forme ronde.
> Très belle épreuve imprimée en couleur. Rare.

282. Le Présent. Petite pièce de forme ronde.
> Très belle et rare épreuve imprimée en couleur.

LE PRINCE (D'après J.-B.).

283. *The Welcome necos*, par Marin.
> Très belle épreuve imprimée en couleur. Remargée.

LE SUEUR (D'après Mme).

284. Erigone, par Guttenberg.
> Très belle épreuve avant la lettre. Marge.

MARTINET (F.-N.).

285. Récréation du philosophe.
> Belle épreuve d'une jolie pièce à costumes.

MARTINET ET QUEVERDO (D'après).

286. L'Amant téméraire. — Jugement de Paris. Deux pièces.
> Très belles épreuves avec toutes leurs marges.

MIXELLE (J.-M.).

287. Tableaux des Dieux, demi-Dieux et Héros de la Fable, 1787. Suite de vingt-quatre petites pièces, y compris le titre.

Très belles épreuves imprimées en couleur.

MONNET (D'après C.).

288. Les Baigneuses surprises, par Vidal.

Très belle épreuve avant toutes lettres, avant la retouche et avant les changements dans les cheveux. Remargée.

289. Renaud et Armide, par Vidal.

Très belle et rare épreuve avant la lettre et avant la draperie. Marge.

290. La Surprise agréable, par Vidal.

Très belle épreuve avant toutes lettres et avant la draperie. Rare

291. Jupiter et Anthiope. — Jupiter et Io. — Renaud et Armide. Trois pièces gravées par Vidal.

Très belles épreuves.

MONNET et SAINT-QUENTIN (D'après).

292. Les Vœux du peuple, confirmés par la religion. — Les garants de la félicité publique. Deux pièces allégoriques et faisant pendants, publiés lors de l'avènement au trône de Louis XVI et de Marie-Antoinette. Gravées par Née et Masquelier en 1774 et en 1776.

Très belles épreuves.

MONNIER (H.).

293. Les Grisettes. Six pièces.

Anciennes et très belles épreuves coloriées.

MOREAU (Par et d'après J.-M.).

294. Ouverture des États Généraux à Versailles, le 5 mai 1789 (E.-B. 205).

Belle épreuve avec la liste des Députés.

295. Exemple d'humanité donnée par Madame la Dauphine Marie-Antoinette, le 16 octobre 1773; gravé par Godefroy (244.)

Très belle épreuve.

296. Henri IV chez le Meunier, par Simonet (245.)

Superbe et rare épreuve avant toutes lettres. Grande marge.

297. Arrivée de J.-J. Rousseau aux Champs Elysées, par Macret, 1782 (256.)

Très belle et rare épreuve du 3e des cinq états décrits : avant la dédicace et avant l'adresse de Vilquin. Toute marge.

298. Petite Vue de la cathédrale d'Orléans (855).

Rare épreuve non entièrement terminée ; la tablette manque et elle est collée en plein.

299. La Course de chevaux, par Guttenberg (1363.)

Belle épreuve. Remargée.

MORLAND (D'après G.).

300. *The horse feeder. — The combin.* Deux grandes et belles pièces en largeur, faisant pendants, gravées à la manière noire par J. R. Smith, 1791.

Superbes et très rares épreuves en couleur. Marges.

301. *The Barn door. — Gipsies.* Deux pièces, faisant pendants, gravées par W. Ward.

Très belles épreuves imprimées en couleur.

302. *Sun set, a view in Leicester shire,* grande pièce, en largeur, gravée à la manière noire, par J. Ward.

Très belle épreuve en couleur. Rare.

MOUCHET (D'après F.).

303. La Méprise, par Macret.

Très belle épreuve tirée avant que la planche ait été réduite à l'ovale.

304. La même estampe.

Très belle épreuve, rognée à l'encadrement et remargée.

305. L'Illusion.

Très belle épreuve.

NAPOLÉON (Pièces sur).

306. La Bataille de Wagram, le 16 juillet 1809, dessiné et gravé par Rugendas (1811.)

Très belle et rare épreuve en couleur. Marge.

307. Fuite de Napoléon dans la bataille de la Belle-Alliance, gravé par Rugendas, 1816.

Très belle et rare épreuve en couleur. Marge.

NATTIER (D'après J. M.).

308. La Chasseuse aux cœurs (Portrait de Mlle de Baujoleais), gravé par B. J. Henriquez, 1763. In-f°.

Superbe épreuve avant toutes lettres, seulement les noms des artistes tracés à la pointe; grande marge. Très rare à rencontrer de cet état et dans cette condition.

NAUDET (A Paris, chez).

309. Le Charmant Début. — L'Heureux Succès. Deux petites pièces ovales faisant pendants.

Très belles épreuves imprimées en couleur.

O'BRIAN (D'après P.).

310. *The Theatrical steel-yards of 1750*.

Très belle épreuve.

PARRIS (D'après E. T.).

311. *The lily*, par G. H. Phillips.

Très belle épreuve.

PATERRE (D'après J. B.).

312. Le Bain rustique, par Cardon.

Belle épreuve.

313. L'Officier Galant, par Le Bas.

Très belle épreuve.

314. Le Plaisir de l'été, par L. Surugue, 1744.

Très belle épreuve.

PAYE (D'après R. M.).

315. *A girl sketching a portrait on the ground*, gravé à la manière noire par W. Ward et publié à Londres, en 1785, par J. R. Smith.

Très belle épreuve en couleur. Rare.

PICOT (A Londres, chez).

316. Le Toucher. — La Vue. Deux pièces grivoises, de forme ovale, faisant pendants.

Très belles et rares épreuves imprimées en bistre. Grandes marges.

PIERRE (D'après J.-B.-M.).

317. Jupiter et Antiope, par Schmitz.
Très belle épreuve avant la lettre.

PRUD'HON (P.-F.).

318. Une Famille malheureuse, lithographie originale du maître (D. G., 9.)
Très belle et rare épreuve, sur Chine, du 2ᵉ des quatre états décrits :
avant le travail de traits à l'encre lithographique et avant que l'adresse
de Engelmann ait été remplacée par celle de Constant. Toute marge.

PRUD'HON (D'après P.-P.).

319. La Loi, par Copia (69.)
Très belle épreuve avant l'adresse de Depeuille.

QUEVERDO (D'après J.-M.).

320. Les Baigneuses champêtres. — Les Amours du bocage. Deux
pièces, faisant pendants, gravées par Dembrum.
Très belles épreuves.

321. Le Dangereux Modèle, par Patas.
Très belle épreuve. Toute marge.

322. La Jouissance, par Martini.
Très belle épreuve avec une grande marge.

323. Les Sens. Suite complète de cinq très jolies petites pièces, dans
de charmants cadres ornés, gravées par Martinet.
Très belles épreuves avec marges.

RUSSEL (D'après J.).

324. *The cake in danger. — The age of bliss*. Deux pièces, sujets enfantins, gravées par W. Nutter et E. Scott.
Très belles épreuves en couleur.

325. *Tom and his pidgeons. — The favorite rabbit*. Deux pièces, faisant pendants, gravées par C. Knight.
Très belles épreuves en couleur.

RAOUX (D'après J.).

326. Le Rendez-vous agréable, par Beauvarlet.
Superbe épreuve avant toutes lettres.

RÉAD (D'après C.).

327. *His Royal Highness George Prince of Wales, and Prince Frederick*, gravé à la manière noire par J. Watson. In-fol.
> Très belle épreuve. Marge.

REGNAULT (N.-F.)

328. Le Matin. — Le Soir. Deux pièces.
> Très belles épreuves avec de grandes marges.

329. La Nuit.
> Très belle épreuve.

REYNOLDS (D'après Sir J.).

330 *Élisabeth, duchess of Buccleugh and lady Mary Scott*, gravé à la manière noire par Watson. Gr. in-fol.
> Très belle épreuve.

331. *The right hon^{ble} Betty Delmé*, en pied, gravé à la manière noire, par J. Green. Gr. in-fol.
> Très belle épreuve.

332. *M^{scs} Lenox*. In-4, gravé à la manière noire.
> Très belle épreuve avant la lettre.

ROWLANDSON (Par et d'après).

333. *Transplanting of teeth*, 1787.
> Très belle épreuve en couleur. Rare.

334. *Four o'clock in the country*, 1788.
> Très belle épreuve en couleur, elle est très fraîche et a de la marge.

335. *House-Breakers*, gravé à l'aquatinte, par F. Malton, 1788.
> Très belle épreuve en couleur, elle est très fraîche et a toute sa marge.

336. Deux fenêtres aux deux étages d'une maison, à la première deux jeunes élégantes, à la seconde deux filles décolletées. Très jolie pièce publiée en 1791.
> Très belle épreuve imprimée en couleur. Sans marge.

337. *Damp sheets*, gravé à l'aquatinte, par F. Malton, 1791.
> Très belle épreuve en couleur, elle est très fraîche et a toute sa marge.

338. *Studious Gluttons*, gravé à l'aquatinte, par S. Alken.
> Très belle épreuve en couleur.

339. *The disparture.*
     Très belle épreuve imprimée en couleur.

340. *A college scene*, gravé au pointillé par E. Williams.
     Très belle épreuve en couleur.

341. *Smithfield sharpers*, par Scherwin.
     Très belle épreuve en couleur.

342. *Traffic.*
     Très belle épreuve en couleur.

343. *Pidgeon hole. A Convent Garden Contrivance to Coop up the gods*, 1811.
     Très belle épreuve en couleur.

344. *Nap in the country. — How happy could i be with either where fother dear charmer away. — Luxury.* — Le Marchand de Poissons. Quatre pièces.
     Très belles épreuves en couleur.

SAINT-AUBIN (D'après G. DE).

345. Les Enfants bien avisés, par Tardieu.
     Très belle épreuve.

SAINT-AUBIN (D'après A. DE).

346. L'Heureux Ménage. — L'Heureuse Mère. Deux pièces, faisant pendants, gravées par Sergent et Gautier l'aîné. (E. B. 412, 413).
     Superbes et très fraîches épreuves imprimées en couleur.

347. La Sollicitude maternelle, par Sergent et Phelipaux (414).
     Belle épreuve imprimée en couleur.

348. La Tendresse maternelle, par Phelypeau et Moret (415).
     Superbe et rare épreuve imprimée en couleur; elle est avec la première adresse, celle de Blin. Remargée.

SAYER (A Londres, chez R.).

349. Le Contrat conclu. — La Réflexion tardive. — La Fille mal payée. Trois pièces.
     Belles épreuves.

SCHENAU (D'après J.-E.).

350. Les Conseils maternels, par Lempereur.
     Très belle et rare épreuve avant toutes lettres.

351. Le Fossé du scrupule. — La Brouille. — Le Pardon général.
Trois pièces gravées par L^{se} Gaillard.
Très belles épreuves avec toutes leurs marges. Rares.

SHELLY (D'après S.).

352. *Jessica and Lorenzo*, gravé au pointillé par W. Nutter. ——
Très belle épreuve tirée en bistre. Marge.

SINGLETON (D'après H.).

353. *The storm.*
Très belle épreuve imprimée en couleur, Remargée.

SMITH (J. R.).

354. *A maid*, une pucelle, 1791.
Très belle épreuve en couleur.

355. *A Widow*, Une veuve, 1791.
Très belle épreuve en couleur. Remargée.

356. *A Wife*, Une femme mariée, 1791.
Très belle épreuve en couleur.

357. *Caroline*, Charmant portrait in-4, gravé au pointillé par W. Senus,
1798.
Très belle et rare épreuve en couleur. Marge.

358. *Felicia.* Grande et jolie pièce gravée à la manière noire, publiée
en 1796.
Très belle épreuve. Remargée et manquant de conservation.

SMITH (D'après S.-R.).

359. *The Moralist*, gravé au pointillé par W. Nutter, 1787. ——
Très belle épreuve en couleur. Grande marge.

SPORT (Pièce sur le).

360. Le Départ du chasseur. — Le Chasseur au renard. — Le Renard
pris. — Le Retour du chasseur. Suite de quatre pièces
gravées par Debucourt et Levachez, d'après C. Vernet.
Très belles épreuves. Rares.

THÉATRE (Pièces sur le).

361. *Mlle Colombe*, reçue au théâtre Italien en 1773, en pied, dans le
362. rôle de Bélinde de la Colonie, gravé par Janinet. In-8.
Très belle épreuve imprimée en couleur. Marge.

362. *Mlle Colombe*, médaillon ovale, in-8.
    Très belle épreuve avant la retouche, imprimée en couleur. Remargée.

363. *Mlle Colombe l'aînée*, vue de profil, médaillon in-8, gravé par Janinet.
    Très belle épreuve imprimée en couleur. Grande marge.

364. *Mlle Colombe* l'aînée, pensionnaire du Roi, en pied dans le rôle de Bélinde, de la Colonie. Gravé par Patas. Petit in-fol.
    Très belle épreuve.

365. *Mlle Contat*, en pied, rôle de Suzanne du Mariage de Figaro. Gravé par Janinet d'après Dutertre. In-4.
    Très belle épreuve imprimée en couleur.

366. *Mlle Desbrosses*, actrice de la Comédie-Italienne, petit médaillon rond, in-8.
    Très belle épreuve en couleur.

367. *Mme Favart*, pensionnaire du Roi, reçue à la Comédie-Italienne en 1752. en pied, dans le rôle de Roxelane. Gravé par Janinet. In-8.
    Très belle épreuve imprimée en couleur. Marge.

368. *Mlle Maillard*, de l'Académie Royale de musique, gravé par Coutellier. In-8.
    Très belle épreuve imprimée en couleur.

369. Madame *Saint-Aubin*, du théâtre de l'Opéra-Comique, représentée en paysanne dans Ambroise ou voilà ma journée ; au-dessous, dans un cartouche, une scène de la même pièce. Gravé par Alix d'après Garneray. In-4.
    Très belle épreuve imprimée en couleur. Remargée.

370. *Mad^{lle} St Huberti*, en pied, dans le rôle de Didon ; gravé par Janinet d'après Dutertre. In-8.
    Très belle épreuve imprimée en couleur. Marge.

371. *Sophia et Olivia*, jouant l'une de la mandoline et l'autre chantant ; médaillon ovale gravé au pointillé.
    Belle épreuve tirée en bistre.

372. *Mrs Bland. — Miss de Camp. — Mrs Inchbald. — Mrs Martyr.* Quatre médaillons ovales, gravés par J. Condé et Sied.
    Très belles épreuves en couleur.

373. Silvain, de Marmontel. Deux pièces gravées par Martinet.
    Très belles épreuves avec de grandes marges.

374. Le Jardinier et son Seigneur, comédie, etc. Sept vignettes par Martinet et autres artistes.
    Très belles épreuves.

TRINQUESSE (D'après J. R.).

375. La Sortie du bain, par Lempereur.
Très belle épreuve avec une grande marge.

VANGELISTY (V.).

376. La Toilette de Vénus.
Superbe épreuve avant toutes lettres et avant la retouche, imprimée en couleur. Très rare.

VAN-GORP (D'après).

377. Le Portrait. — La Lecture. Deux pièces, faisant pendants, gravées par Eymar.
Très belles épreuves avant la lettre. Fort rares.

VERNET (D'après C.).

378. La Danse des chiens, par Levachez.
Superbe épreuve imprimée en couleur.

379. Oh! c'est bien ça, par Levachez.
Très belle épreuve en couleur, l'angle du bas, à gauche, a été rapporté.

380. L'Incroyable à cheval. — Les Petits Incroyables. Deux pièces gravées en réduction.
Très belles épreuves.

VIGNETTES.

381. Cinq vignettes pour les amours de Psyché et de Cupidon de La Fontaine, gravées d'après les dessins de Borel pour une édition, préparée par Didot l'aîné, qui n'est jamais parue.
Très belles épreuves en couleur ayant toutes leurs marges, trois sont tirées sur parchemin. Très rares.

382. Vignette d'après Le Barbier, pour les chansons de La Borde.
Très rare épreuve à l'état d'eau-forte.

383. Quatre vignettes d'après Eisen pour les Métamorphoses d'Ovide, édition de 1767-1771.
Très belles épreuves avant la lettre.

384. Suite complète de dix vignettes, gravées par Chedel d'après Boucher, pour Acajou et Zirphile de Duclos, édition de 1774.
Très belles épreuves tirées sur grand papier. Toutes marges.

385. Sept vignettes grand in-8, d'après Desrais, pour les Confessions du Comte de T***, par Duclos, édition de Costard, 1776.

> Très belles épreuves, une pièce est double.

386. Quinze vignettes d'après Binet pour les œuvres de Restif de la Bretonne, plus son portrait. Ensemble seize pièces.

> Très belles épreuves, sept sont doubles en épreuves avant la lettre.

387. Trente-neuf vignettes gravées à la manière du lavis par Janinet, pour les Gravures historiques des principaux événements de la Révolution depuis l'ouverture des États généraux de 1789, édition de Cussac, 1789.

> Très belles épreuves ayant de très grandes marges.

WATTEAU (D'après A.).

388. L'Accord parfait, par Baron.

> Très belle épreuve. Toute marge.

389. Les Amusements de Cythère, par L. Surugue,

> Très belle épreuve avec une grande marge.

390. Camp volant. — Retour de campagne. Deux pièces gravées par C. N. Cochin.

> Très belles épreuves.

391 Les Charmes de la vie, par Aveline.

> Très belle épreuve.

392. Comédiens italiens, par Baron.

> Très belle épreuve, tachée.

393. Conversation dans un parc, par Mercier.

> Très belle épreuve avec marge. Rare.

394. La Danse paysanne, par B. Audran.

> Très belle épreuve.

395. Les Enfants de Bacchus, par Fessard.

> Très belle épreuve avec une grande marge.

396. L'Été. — L'Automne. Deux pièces gravées par Moyreau.

> Très belles épreuves.

397. *Heureux âge, âge d'or ou sans inquiétude, etc. — Iris, c'est de bonne heure avoir l'air à la danse, etc.* Deux pièces, sur une même feuille, gravées par Tardieu.

> Très belles épreuves. Toutes marges.

398. Le passe-temps, par Audran.

> Très belle épreuve.

399. Rendez-vous de chasse, par Aubert.
> Très belle épreuve, le coin du bas, à gauche, a été rapporté.

400. *Sous un habit de Mezetin. — Arlequin, Pierrot et Scapin.* Deux pièces gravées par Thomassin.
> Très belles épreuves.

401. La Surprise, par B. Audran.
> Très belle épreuve.

WESTALL (D'après R.).

402. *Vénus and Cupids,* gravé au pointillé par R. M. Meadows, et publié à Londres en 1797.
> Très belle épreuve en couleur.

403. *A Girl gathering Mushrooms. — A Fern-cutter's Child.* Deux pièces faisant pendants et publiées en 1800, gravées par Meadows.
> Très belles épreuves.

WHEATLEY (D'après F.).

404. *Eloisa méditating or Sᵗ Preux's letter.* Jolie pièce, de forme ovale, gravée au pointillé.
> Très belle et rare épreuve en couleur, elle est très fraîche et a de la marge.

405. *Farméras Family.*
> Très belle et rare épreuve imprimée en couleur. Remargée.

406. *Lauretta,* par F. Bartolozzi.
> Très belle épreuve en couleur.

407. Ah mon Dieu ! qu'il fait froid; par Le Cœur.
> Très belle épreuve imprimée en couleur.

WIGSTEAD (D'après H.).

408. *The bachelor,* gravé à l'aquatinte par S. Alken.
> Très belle épreuve en couleur.

LIVRE

---

409. Figures de différents caractères, de paysages et d'études, dessinées d'après nature par Antoine Watteau, peintre du Roy, en son académie royale de peinture et sculpture, gravées à l'eau-forte par des plus habiles peintres et graveurs du temps, tirées des plus beaux cabinets de Paris. *A Paris, chez Audran et Chereau.* S. D. 2 vol. in-fol. cart.

Très bel exemplaire.
Il est incomplet de trois planches, N°ˢ 11 et 12, 84, 266 et 267.
En tête du second volume on a ajouté l'estampe de Tardieu, représentant Watteau peignant et M. de Julienne jouant du violoncelle.

Paris. — Typ. Chamerot et Renouard, 19, rue des Saints-Pères. — 30430

M. Ratter

chez M. Bourceret

26 rue de Berri

Ch. de Lourps
par Pont-sur-Seine

Aube et Loire